Maquette : Alex Viougeas
Illustrations : Agnès Decourchelle

Tous droits de traduction, de reproduction et d'adaptation
réservés pour tous les pays.

© Éditions Gallimard Jeunesse, 2011, pour le titre, l'avant-propos,
le choix, la présentation et la notice biographique.

Poèmes de Victor Hugo

Choisis et présentés par Camille Weil

GALLIMARD JEUNESSE

Avant-propos

Comme l'âme que nul n'a jamais vue quand tout le monde sait qu'il faut la rendre pour mourir, la poésie a autant de définitions qu'il y a de poètes. Autant de définitions auxquelles elle échappe toujours. Sans elle pourtant, la langue se meurt et le poème n'est plus qu'une forme vide, un assemblage de mots que rien ne fait vibrer. Un peu comme une guitare sans cordes. Mallarmé parlera à juste titre d'*aboli bibelot d'inanité sonore*.

Comme le cœur qui aime, qui pleure ou qui rit quand le muscle du même nom se contente de battre le sang, flux reflux, la poésie a ses raisons que la raison ignore, que les enfants, les simples, d'emblée, entendent et dont les savants généralement se détournent comme d'une folle qui ne sait ce qu'elle dit en criant que *la terre est bleue comme une orange* (Paul Eluard). C'est qu'il faut à la poésie pour l'entendre un *œil* qui *écoute*, comme disait Claudel, une oreille qui voit. Une oreille, des yeux plus près du cœur que de la raison, plus près des sens que du sens, et c'est Rimbaud qui voit les voyelles en couleurs, Verlaine qui met les nuances en musique.

Comme le vent que rien ne peut soumettre ni réduire, la poésie souffle où elle veut et quand elle veut. C'est *une grâce de la nature*, disait Michaux. Une grâce qui traverse le poète comme une ville ouverte et le fait vibrer jusqu'au fond de son ignorance. C'est ainsi qu'il voit ce qu'il entend et peut sur le papier continuer à son pas, de toute sa lyre, le chemin entrevu de l'autre côté de l'horizon ; c'est ainsi que le poème naît et la joie du lecteur.

Guy Goffette

Les feuilles d'automne

■ Ce siècle avait deux ans! Rome remplaçait Sparte,
Déjà Napoléon perçait sous Bonaparte,
Et du premier consul, déjà, par maint endroit,
Le front de l'empereur brisait le masque étroit.
Alors dans Besançon, vieille ville espagnole,
Jeté comme la graine au gré de l'air qui vole,
Naquit d'un sang breton et lorrain à la fois
Un enfant sans couleur, sans regard et sans voix;
Si débile qu'il fut, ainsi qu'une chimère,
Abandonné de tous, excepté de sa mère,
Et que son cou ployé comme un frêle roseau
Fit faire en même temps sa bière et son berceau.
Cet enfant que la vie effaçait de son livre,
Et qui n'avait pas même un lendemain à vivre,
C'est moi. (...) ◆

Trois cahiers de vers français

Mes adieux à l'enfance

■ Adieu, beaux jours de mon enfance,
Qu'un instant fit évanouir,
Bonheur, qui fuis sans qu'on y pense,
Qu'on sent trop peu pour en jouir ;
Plaisirs que mon âme inquiète
Dédaignait sans savoir pourquoi,
Vous n'êtes plus, et je regrette
De vous voir déjà loin de moi !
Reviens, bel âge que je pleure,
Ou du moins renais dans mes chants ;
Je veux de songes séduisants
Me bercer avant que je meure,
Et quand viendra ma dernière heure,
Rêver encor mes premiers ans.
(...) ♦

Après la bataille

■ Mon père, ce héros au sourire si doux,
Suivi d'un seul housard qu'il aimait entre tous
Pour sa grande bravoure et pour sa haute taille,
Parcourait à cheval, le soir d'une bataille,
Le champ couvert de morts sur qui tombait la nuit.
Il lui sembla dans l'ombre entendre un faible bruit.
C'était un espagnol de l'armée en déroute
Qui se traînait sanglant sur le bord de la route,
Râlant, brisé, livide, et mort plus qu'à moitié,
Et qui disait : – À boire, à boire par pitié ! –
Mon père, ému, tendit à son housard fidèle
Une gourde de rhum qui pendait à sa selle,
Et dit : – Tiens, donne à boire à ce pauvre blessé. –
Tout à coup, au moment où le housard baissé
Se penchait vers lui, l'homme, une espèce de maure,
Saisit un pistolet qu'il étreignait encore,
Et vise au front mon père en criant : Caramba !
Le coup passa si près que le chapeau tomba
Et que le cheval fit un écart en arrière.
– Donne-lui tout de même à boire, dit mon père. ♦

Odes et Ballades

Une fée

> ... *La reine Mab m'a visité. C'est elle*
> *Qui fait dans le sommeil veiller l'âme immortelle.*
> ÉMILE DESCHAMPS. *Roméo et Juliette.*

■ Que ce soit Urgèle ou Morgane,
J'aime, en un rêve sans effroi,
Qu'une fée, au corps diaphane,
Ainsi qu'une fleur qui se fane,
Vienne pencher son front sur moi.

C'est elle dont le luth d'ivoire
Me redit, sur un mâle accord,
Vos contes, qu'on n'oserait croire,
Bons paladins, si votre histoire
N'était plus merveilleuse encor.

Odes et Ballades

C'est elle, aux choses qu'on révère
Qui m'ordonne de m'allier,
Et qui veut que ma main sévère
Joigne la harpe du trouvère
Au gantelet du chevalier.

Dans le désert qui me réclame,
Cachée en tout ce que je vois,
C'est elle qui fait, pour mon âme,
De chaque rayon une flamme,
Et de chaque bruit une voix ;

Elle, – qui dans l'onde agitée
Murmure en sortant du rocher,
Et, de me plaire tourmentée,
Suspend la cigogne argentée
Au faîte aigu du noir clocher ;

Quand, l'hiver, mon foyer pétille,
C'est elle qui vient s'y tapir,
Et me montre, au ciel qui scintille,
L'étoile qui s'éteint et brille,
Comme un œil prêt à s'assoupir ;

Odes et Ballades

Qui, lorsqu'en des manoirs sauvages
J'erre, cherchant nos vieux berceaux,
M'environnant de mille images,
Comme un bruit du torrent des âges
Fait mugir l'air sous les arceaux ;

Elle, – qui, la nuit, quand je veille,
M'apporte de confus abois,
Et, pour endormir mon oreille,
Dans le calme du soir, éveille
Un cor lointain au fond des bois !

Que ce soit Urgèle ou Morgane,
J'aime, en un rêve sans effroi,
Qu'une fée, au corps diaphane,
Ainsi qu'une fleur qui se fane,
Vienne pencher son front sur moi ! ♦

1824.

Les orientales

Les Djinns

(…)
■ Murs, ville,
Et port,
Asile
De mort,
Mer grise
Où brise
La brise ;
Tout dort.

Dans la plaine
Naît un bruit.
C'est l'haleine
De la nuit.
Elle brame
Comme une âme
Qu'une flamme
Toujours suit.

La voix plus haute
Semble un grelot. –
D'un nain qui saute
C'est le galop :

Les orientales

Il fuit, s'élance,
Puis en cadence
Sur un pied danse
Au bout d'un flot.

La rumeur approche ;
L'écho la redit.
C'est comme la cloche
D'un couvent maudit ; –
Comme un bruit de foule,
Qui tonne et qui roule,
Et tantôt s'écroule
Et tantôt grandit.
(…)

C'est l'essaim des Djinns qui passe,
Et tourbillonne en sifflant.
Les ifs, que leur vol fracasse,
Craquent comme un pin brûlant.
Leur troupeau, lourd et rapide
Volant dans l'espace vide,
Semble un nuage livide
Qui porte un éclair au flanc.
(…)

Les orientales

Ils sont passés ! – Leur cohorte
S'envole et fuit, et leurs pieds
Cessent de battre ma porte
De leurs coups multipliés.
L'air est plein d'un bruit de chaînes,
Et dans les forêts prochaines,
Frissonnent tous les grands chênes,
Sous leur vol de feu pliés !

De leurs ailes lointaines
Le battement décroît,
Si confus dans les plaines,
Si faible que l'on croit
Ouïr la sauterelle
Crier d'une voix grêle,
Ou pétiller la grêle,
Sur le plomb d'un vieux toit. (...)

On doute
La nuit...
J'écoute : –
Tout fuit,
Tout passe ;
L'espace
Efface
Le bruit.

Août 1828.

Les orientales

Rêverie

■ Oh! laissez-moi! c'est l'heure où l'horizon qui fume
Cache un front inégal sous un cercle de brume,
L'heure où l'astre géant rougit et disparaît.
Le grand bois jaunissant dore seul la colline :
On dirait qu'en ces jours où l'automne décline,
Le soleil et la pluie ont rouillé la forêt.

Oh! qui fera surgir soudain, qui fera naître,
Là-bas, – tandis que seul je rêve à la fenêtre
Et que l'ombre s'amasse au fond du corridor, –
Quelque ville mauresque, éclatante, inouïe,
Qui, comme la fusée en gerbe épanouie,
Déchire ce brouillard avec ses flèches d'or!

Qu'elle vienne inspirer, ranimer, ô génies!
Mes chansons, comme un ciel d'automne rembrunies,
Et jeter dans mes yeux son magique reflet,
Et longtemps, s'éteignant en rumeurs étouffées,
Avec les mille tours de ses palais de fées,
Brumeuse, denteler l'horizon violet! ◆

5 septembre 1828.

Les feuilles d'automne

> *Where should I steer?**
> BYRON.

■ Quand le livre où s'endort chaque soir ma pensée,
Quand l'air de la maison, les soucis du foyer,
Quand le bourdonnement de la ville insensée
Où toujours on entend quelque chose crier,

Quand tous ces mille soins de misère ou de fête
Qui remplissent nos jours, cercle aride et borné,
Ont tenu trop longtemps, comme un joug
    sur ma tête,
Le regard de mon âme à la terre tourné ;

Elle s'échappe enfin, va, marche, et dans la plaine
Prend le même sentier qu'elle prendra demain,
Qui l'égare au hasard et toujours la ramène,
Comme un coursier prudent qui connaît le chemin.

Elle court aux forêts, où dans l'ombre indécise
Flottent tant de rayons, de murmures, de voix,
Trouve la rêverie au premier arbre assise,
Et toutes deux s'en vont ensemble dans les bois ! ♦

27 juin 1830.
**Où me diriger ?*

Les chants du crépuscule

■ L'aurore s'allume,
L'ombre épaisse fuit ;
Le rêve et la brume
Vont où va la nuit ;
Paupières et roses
S'ouvrent demi-closes ;
Du réveil des choses
On entend le bruit.

Tout chante et murmure,
Tout parle à la fois,
Fumée et verdure,
Les nids et les toits ;
Le vent parle aux chênes,
L'eau parle aux fontaines ;
Toutes les haleines
Deviennent des voix !

Les chants du crépuscule

Tout reprend son âme,
L'enfant son hochet,
Le foyer sa flamme,
Le luth son archet ;
Folie ou démence,
Dans le monde immense,
Chacun recommence
Ce qu'il ébauchait.

Qu'on pense ou qu'on aime,
Sans cesse agité,
Vers un but suprême,
Tout vole emporté ;
L'esquif cherche un môle,
L'abeille un vieux saule,
La boussole un pôle,
Moi la vérité !
(…) ♦

Les orientales

■ La mer ! partout la mer ! des flots, des flots encor.
L'oiseau fatigue en vain son inégal essor.
      Ici les flots, là-bas les ondes ;
Toujours des flots sans fin par des flots repoussés ;
L'œil ne voit que des flots dans l'abîme entassés
      Rouler sous les vagues profondes.

Parfois de grands poissons, à fleur d'eau voyageant,
Font reluire au soleil leurs nageoires d'argent,
      Ou l'azur de leurs larges queues.
La mer semble un troupeau secouant sa toison :
Mais un cercle d'airain ferme au loin l'horizon ;
      Le ciel bleu se mêle aux eaux bleues.
(…) ◆

Les contemplations

■ Un jour, je vis, debout au bord des flots mouvants,
    Passer, gonflant ses voiles,
Un rapide navire enveloppé de vents,
    De vagues et d'étoiles ;

Et j'entendis, penché sur l'abîme des cieux,
    Que l'autre abîme touche,
Me parler à l'oreille une voix dont mes yeux
    Ne voyaient pas la bouche :

« Poëte, tu fais bien ! Poëte au triste front,
    Tu rêves près des ondes,
Et tu tires des mers bien des choses qui sont
    Sous les vagues profondes !

La mer, c'est le Seigneur, que, misère ou bonheur,
    Tout destin montre et nomme ;
Le vent, c'est le Seigneur ; l'astre, c'est le Seigneur ;
    Le navire, c'est l'homme. » ◆

Juin 1839.

Les rayons et les ombres

Oceano nox

Saint-Valery-sur-Somme

■ Oh! combien de marins, combien de capitaines
Qui sont partis joyeux pour des courses lointaines,
Dans ce morne horizon se sont évanouis!
Combien ont disparu, dure et triste fortune!
Dans une mer sans fond, par une nuit sans lune,
Sous l'aveugle océan à jamais enfouis!

Combien de patrons morts avec leurs équipages!
L'ouragan de leur vie a pris toutes les pages,
Et d'un souffle il a tout dispersé sur les flots!
Nul ne saura leur fin dans l'abîme plongée.
Chaque vague en passant d'un butin s'est chargée ;
L'une a saisi l'esquif, l'autre les matelots!

Nul ne sait votre sort, pauvres têtes perdues!
Vous roulez à travers les sombres étendues,
Heurtant de vos fronts morts des écueils inconnus.
Oh! que de vieux parents, qui n'avaient plus
    qu'un rêve,
Sont morts en attendant tous les jours sur la grève
        Ceux qui ne sont pas revenus!

Les rayons et les ombres

On s'entretient de vous parfois dans les veillées.
Maint joyeux cercle, assis sur des ancres rouillées,
Mêle encore quelque temps vos noms d'ombre
    couverts
Aux rires, aux refrains, aux récits d'aventures,
Aux baisers qu'on dérobe à vos belles futures,
Tandis que vous dormez dans les goëmons verts!

On demande : – Où sont-ils? sont-ils rois dans
    quelque île?
Nous ont-ils délaissés pour un bord plus fertile? –
Puis votre souvenir même est enseveli.
Le corps se perd dans l'eau, le nom dans
    la mémoire.
Le temps, qui sur toute ombre en verse
    une plus noire,
Sur le sombre océan jette le sombre oubli.

Bientôt des yeux de tous votre ombre est disparue.
L'un n'a-t-il pas sa barque et l'autre sa charrue?
Seules, durant ces nuits où l'orage est vainqueur,
Vos veuves aux fronts blancs, lasses de vous
    attendre,
Parlent encor de vous en remuant la cendre
        De leur foyer et de leur cœur!

Les rayons et les ombres

Et quand la tombe enfin a fermé leur paupière,
Rien ne sait plus vos noms, pas même
   une humble pierre
Dans l'étroit cimetière où l'écho nous répond,
Pas même un saule vert qui s'effeuille à l'automne,
Pas même la chanson naïve et monotone
Que chante un mendiant à l'angle d'un vieux pont !

Où sont-ils les marins sombrés dans les nuits
   noires ?
Ô flots, que vous savez de lugubres histoires !
Flots profonds, redoutés des mères à genoux !
Vous vous les racontez en montant les marées,
Et c'est ce qui vous fait ces voix désespérées
Que vous avez le soir quand vous venez vers nous ! ♦

Juillet 1836.

Les contemplations

À la fenêtre, pendant la nuit

■ Les étoiles, points d'or, percent les branches noires;
Le flot huileux et lourd décompose ses moires
Sur l'océan blêmi;
Les nuages ont l'air d'oiseaux prenant la fuite;
Par moments le vent parle, et dit des mots
    sans suite,
Comme un homme endormi.

Tout s'en va. La nature est l'urne mal fermée.
La tempête est écume et la flamme est fumée.
Rien n'est hors du moment,
L'homme n'a rien qu'il prenne, et qu'il tienne,
    et qu'il garde.
Il tombe heure par heure, et, ruine, il regarde
Le monde, écroulement.
(...)

Qui sait? que savons-nous? Sur notre horizon sombre,
Que la création impénétrable encombre
De ses taillis sacrés,
Muraille obscure où vient battre le flot de l'être,
Peut-être allons-nous voir brusquement apparaître
Des astres effarés;

Les contemplations

Des astres éperdus arrivant des abîmes,
Venant des profondeurs ou descendant des cimes,
Et, sous nos noirs arceaux,
Entrant en foule, épars, ardents, pareils au rêve,
Comme dans un grand vent s'abat sur une grève
Une troupe d'oiseaux ;

Surgissant, clairs flambeaux, feux purs, rouges
    fournaises
Aigrettes de rubis ou tourbillons de braises,
Sur nos bords, sur nos monts,
Et nous pétrifiant de leurs aspects étranges ;
Car dans le gouffre énorme il est des mondes anges
Et des soleils démons !

Peut-être en ce moment, du fond des nuits
    funèbres,
Montant vers nous, gonflant ses vagues
    de ténèbres
Et ses flots de rayons,
Le muet Infini, sombre mer ignorée,
Roule vers notre ciel une grande marée
De constellations ! ♦

Marine-Terrace, avril 1854.

Toute la lyre

Soir

■ Ciel! un fourmillement emplit l'espace noir;
On entend l'invisible errer et se mouvoir;
Près de l'homme endormi tout vit dans les ténèbres.
Le crépuscule, plein de figures funèbres,
Soupire; au fond des bois le daim passe en rêvant;
À quelque être ignoré qui flotte dans le vent
La pervenche murmure à voix basse : je t'aime!
La clochette bourdonne auprès du chrysanthème
Et lui dit : paysan, qu'as-tu donc à dormir?
Toute la plaine semble adorer et frémir.
L'élégant peuplier vers le saule difforme
S'incline; le buisson caresse l'antre; l'orme
Au sarment frissonnant tend ses bras convulsifs;
Les nymphæas, pour plaire aux nénuphars pensifs,
Dressent hors du flot noir leurs blanches
    silhouettes;
Et voici que partout, pêle-mêle, muettes,
S'éveillent, au milieu des joncs et des roseaux,
Regardant leur front pâle au bleu miroir des eaux,

Toute la lyre

Courbant leur tige, ouvrant leurs yeux, penchant
   leurs urnes,
Les roses des étangs, ces coquettes nocturnes.
Des fleurs déesses font des lueurs dans la nuit,
Et dans les prés, dans l'herbe où rampe
   un faible bruit,
Dans l'eau, dans la ruine informe et décrépite,
Tout un monde charmant et sinistre palpite.
C'est que là-haut, au fond du ciel mystérieux,
Dans le soir, vaguement splendide et glorieux,
Vénus rayonne, pure, ineffable et sacrée,
Et, vision, remplit d'amour l'ombre effarée. ♦

6 mars 1854.

Les rayons et les ombres

Spectacle rassurant

■ Tout est lumière, tout est joie.
L'araignée au pied diligent
Attache aux tulipes de soie
Ses rondes dentelles d'argent.

La frissonnante libellule
Mire les globes de ses yeux
Dans l'étang splendide où pullule
Tout un monde mystérieux !

La rose semble, rajeunie,
S'accoupler au bouton vermeil ;
L'oiseau chante plein d'harmonie
Dans les rameaux pleins de soleil.

Sa voix bénit le Dieu de l'âme
Qui, toujours visible au cœur pur,
Fait l'aube, paupière de flamme,
Pour le ciel, prunelle d'azur !

Les rayons et les ombres

Sous les bois, où tout bruit s'émousse,
Le faon craintif joue en rêvant ;
Dans les verts écrins de la mousse
Luit le scarabée, or vivant.

La lune au jour est tiède et pâle
Comme un joyeux convalescent ;
Tendre, elle ouvre ses yeux d'opale
D'où la douceur du ciel descend !

La giroflée avec l'abeille
Folâtre en baisant le vieux mur ;
Le chaud sillon gaîment s'éveille,
Remué par le germe obscur.

Tout vit, et se pose avec grâce,
Le rayon sur le seuil ouvert,
L'ombre qui fuit sur l'eau qui passe,
Le ciel bleu sur le coteau vert !

La plaine brille, heureuse et pure ;
Le bois jase ; l'herbe fleurit... —
Homme ! ne crains rien ! la nature
Sait le grand secret, et sourit. ♦

1er juin 1839.

Les rayons et les ombres

■ J'eus toujours de l'amour pour les choses ailées.
Lorsque j'étais enfant, j'allais sous les feuillées,
J'y prenais dans les nids de tout petits oiseaux.
D'abord je leur faisais des cages de roseaux
Où je les élevais parmi des mousses vertes.
Plus tard je leur laissais les fenêtres ouvertes.
Ils ne s'envolaient point ; ou, s'ils fuyaient aux bois,
Quand je les rappelais ils venaient à ma voix.
Une colombe et moi longtemps nous nous aimâmes.
Maintenant je sais l'art d'apprivoiser les âmes. ♦

12 avril 1840.

Les contemplations

■ J'aime l'araignée et j'aime l'ortie,
        Parce qu'on les hait ;
Et que rien n'exauce et que tout châtie
        Leur morne souhait ;

Parce qu'elles sont maudites, chétives,
        Noirs êtres rampants ;
Parce qu'elles sont les tristes captives
        De leur guet-apens ;

Parce qu'elles sont prises dans leur œuvre ;
        Ô sort ! fatals nœuds !
Parce que l'ortie est une couleuvre,
        L'araignée un gueux ;

Les contemplations

Parce qu'elles ont l'ombre des abîmes,
    Parce qu'on les fuit,
Parce qu'elles sont toutes deux victimes
    De la sombre nuit.

Passants, faites grâce à la plante obscure,
    Au pauvre animal.
Plaignez la laideur, plaignez la piqûre,
    Oh! plaignez le mal!

Il n'est rien qui n'ait sa mélancolie;
    Tout veut un baiser.
Dans leur fauve horreur, pour peu qu'on oublie
    De les écraser,

Pour peu qu'on leur jette un œil moins superbe,
    Tout bas, loin du jour,
La mauvaise bête et la mauvaise herbe
    Murmurent : Amour! ♦

Juillet 1842.

Les contemplations

■ Oui, je suis le rêveur ; je suis le camarade
Des petites fleurs d'or du mur qui se dégrade,
Et l'interlocuteur des arbres et du vent.
Tout cela me connaît, voyez-vous. J'ai souvent,
En mai, quand de parfums les branches sont
    gonflées,
Des conversations avec les giroflées ;
Je reçois des conseils du lierre et du bleuet.
L'être mystérieux que vous croyez muet,
Sur moi se penche, et vient avec ma plume écrire.
J'entends ce qu'entendit Rabelais ; je vois rire
Et pleurer ; et j'entends ce qu'Orphée entendit.
Ne vous étonnez pas de tout ce que me dit
La nature aux soupirs ineffables. Je cause
Avec toutes les voix de la métempsychose.
Avant de commencer le grand concert sacré,
Le moineau, le buisson, l'eau vive dans le pré,
La forêt, basse énorme, et l'aile et la corolle,
Tous ces doux instruments, m'adressent la parole ;
Je suis l'habitué de l'orchestre divin ;
Si je n'étais songeur, j'aurais été sylvain.
J'ai fini, grâce au calme en qui je me recueille,
À force de parler doucement à la feuille,

Les contemplations

À la goutte de pluie, à la plume, au rayon,
Par descendre à ce point dans la création,
Cet abîme où frissonne un tremblement farouche,
Que je ne fais plus même envoler une mouche!
Le brin d'herbe, vibrant d'un éternel émoi,
S'apprivoise et devient familier avec moi,
Et, sans s'apercevoir que je suis là, les roses
Font avec les bourdons toutes sortes de choses;
Quelquefois, à travers les doux rameaux bénis,
J'avance largement ma face sur les nids,
Et le petit oiseau, mère inquiète et sainte,
N'a pas plus peur de moi que nous n'aurions
   de crainte,
Nous, si l'œil du bon Dieu regardait dans nos trous;
Le lys prude me voit approcher sans courroux,
Quand il s'ouvre aux baisers du jour; la violette
La plus pudique fait devant moi sa toilette;
Je suis pour ces beautés l'ami discret et sûr;
Et le frais papillon, libertin de l'azur,
Qui chiffonne gaîment une fleur demi-nue,
Si je viens à passer dans l'ombre, continue,
Et, si la fleur se veut cacher dans le gazon,
Il lui dit : «Es-tu bête! Il est de la maison.» ◆

Les Roches, août 1835.

Les chansons des rues et des bois

Saison des semailles. Le soir

■ C'est le moment crépusculaire.
J'admire, assis sous un portail,
Ce reste de jour dont s'éclaire
La dernière heure du travail.

Les chansons des rues et des bois

Dans les terres, de nuit baignées,
Je contemple, ému, les haillons
D'un vieillard qui jette à poignées
La moisson future aux sillons.

Sa haute silhouette noire
Domine les profonds labours.
On sent à quel point il doit croire
À la fuite utile des jours.

Il marche dans la plaine immense,
Va, vient, lance la graine au loin,
Rouvre sa main, et recommence,
Et je médite, obscur témoin,

Pendant que, déployant ses voiles,
L'ombre, où se mêle une rumeur,
Semble élargir jusqu'aux étoiles
Le geste auguste du semeur. ♦

Épîtres

■ Au point du jour souvent en sursaut, je me lève,
Éveillé par l'aurore, ou par la fin d'un rêve,
Ou par un doux oiseau qui chante, ou par le vent.
Et vite je me mets au travail, même avant
Les pauvres ouvriers qui près de moi demeurent.
La nuit s'en va. Parmi les étoiles qui meurent
Souvent ma rêverie errante fait un choix.
Je travaille debout regardant à la fois
Éclore en moi l'idée et là-haut l'aube naître.
Je pose l'écritoire au bord de la fenêtre
Que voile et qu'assombrit, comme un antre de loups,
Une ample vigne vierge accrochée à cent clous,
Et j'écris au milieu des branches entrouvertes,
Essuyant par instants ma plume aux feuilles vertes. ♦

Chansons lointaines

■ On sent les pointes de la bise ;
L'hiver vient. Dans la vieille église
J'écoute l'horloge marcher ;
On dirait que quelqu'un aiguise
Quelque chose dans le clocher.

L'horloge des heures est l'antre.
Sur le cadran qu'on voit au centre
La destinée erre à pas sourds.
Quand Aujourd'hui sort, Demain entre,
Et contre lui pas de secours.

Dans la tour que l'airain secoue
Le Temps se cache avec sa roue ;
Sombre, il fait de tout des lambeaux ;
Douze fois par jour, l'heure avoue
Qu'elle travaille à nos tombeaux.

Tout fuit, l'aile comme la voile ;
L'âme, l'aube, la fleur, l'étoile,
Feux follets sous le firmament !
Toute la vie est sous un voile,
Avec des lueurs par moment.

40
Chansons lointaines

Ne vous fiez pas à l'aurore,
C'est la minute qui se dore ;
Le lys en un jour est terni ;
L'astre s'en va ; l'âme est encore
Plus en fuite dans l'infini.

Le temps use dans sa logette
Ce qui vit et ce qui végète ;
L'aube, l'astre, l'âme, la fleur,
Sont quatre étincelles que jette
La meule de ce rémouleur. ◆

1859.

Toute la lyre

Mauvaises langues

■ Un pigeon aime une pigeonne !
Grand scandale dans le hallier
Que tous les ans mai badigeonne.
Une ramière aime un ramier !

Leur histoire emplit les charmilles.
Par les leurs ils sont compromis.
Cela se voit dans les familles
Qu'on est entouré d'ennemis.

Espionnage et commérage,
Rien ne donne plus d'âcreté,
De haine, de vertu, de rage
Et de fiel, qu'un bonheur guetté.

Que de fureur dans cette églogue !
L'essaim volant aux mille voix
Parle, et mêle à son dialogue
Toutes les épines des bois.

Toute la lyre

L'ara blanc, la mésange bleue,
Jettent des car, des si, des mais,
Où les gestes des hoche-queue
Semblent semer des guillemets.

– J'en sais long sur la paresseuse!
Dit un corbeau, juge à mortier.
– Moi, je connais sa blanchisseuse.
– Et moi, je connais son portier.

– Certes, elle n'est point sauvagesse!
– Est-on sûr qu'ils soient mariés?
– Voilà, pour le prix de sagesse,
Deux pigeons bien avariés!

Le geai dit : Leurs baisers blasphèment!
Le pinson chante : Ça ira.
La linotte fredonne : Ils s'aiment.
La pie ajoute : Et cætera.

On lit que vers elle il se glisse,
Le soir, avec de petits cris,
Dans le rapport à la police
Fait par une chauve-souris.

Toute la lyre

Le peuple ailé s'indigne, tance,
Fulmine un verdict, lance un bill.
Tel est le monde. Une sentence
Redoutable sort du babil.

Cachez-vous, Rosa. Fuyez vite
Loin du bavardage acharné.
L'amourette qu'on ébruite
Est un rosier déraciné.

Tout ce conte, ô belle ineffable,
Doit par vous être médité.
Prenez garde, c'est une fable,
C'est-à-dire une vérité.◆

La coccinelle

■ Elle me dit : « Quelque chose
Me tourmente. » Et j'aperçus
Son cou de neige et, dessus,
Un petit insecte rose.

J'aurais dû – mais, sage ou fou,
À seize ans on est farouche, –
Voir le baiser sur sa bouche
Plus que l'insecte à son cou.

Les contemplations

On eût dit un coquillage ;
Dos rose et taché de noir.
Les fauvettes pour nous voir
Se penchaient dans le feuillage.

Sa bouche fraîche était là :
Je me courbai sur la belle,
Et je pris la coccinelle ;
Mais le baiser s'envola.

«Fils, apprends comme on me nomme»,
Dit l'insecte du ciel bleu,
«Les bêtes sont au bon Dieu ;
Mais la bêtise est à l'homme.» ♦

Paris, mai 1830.

Les contemplations

Vieille chanson du jeune temps

■ Je ne songeais pas à Rose ;
Rose au bois vint avec moi ;
Nous parlions de quelque chose,
Mais je ne sais plus de quoi.

J'étais froid comme les marbres ;
Je marchais à pas distraits ;
Je parlais des fleurs, des arbres ;
Son œil semblait dire : « Après ? »

La rosée offrait ses perles,
Le taillis ses parasols ;
J'allais ; j'écoutais les merles,
Et Rose les rossignols.

Moi, seize ans, et l'air morose.
Elle vingt ; ses yeux brillaient.
Les rossignols chantaient Rose
Et les merles me sifflaient.

Les contemplations

Rose, droite sur ses hanches,
Leva son beau bras tremblant
Pour prendre une mûre aux branches ;
Je ne vis pas son bras blanc.

Une eau courait, fraîche et creuse,
Sur les mousses de velours ;
Et la nature amoureuse
Dormait dans les grands bois sourds.

Rose défit sa chaussure,
Et mit, d'un air ingénu,
Son petit pied dans l'eau pure ;
Je ne vis pas son pied nu.

Je ne savais que lui dire ;
Je la suivais dans le bois,
La voyant parfois sourire
Et soupirer quelquefois.

Je ne vis qu'elle était belle
Qu'en sortant des grands bois sourds.
« Soit ; n'y pensons plus ! » dit-elle.
Depuis, j'y pense toujours. ♦

Paris, juin 1831.

Les contemplations

■ Elle était déchaussée, elle était décoiffée,
Assise, les pieds nus, parmi les joncs penchants ;
Moi qui passais par là, je crus voir une fée,
Et je lui dis : Veux-tu t'en venir dans les champs ?

Elle me regarda de ce regard suprême
Qui reste à la beauté quand nous en triomphons,
Et je lui dis : Veux-tu, c'est le mois où l'on aime,
Veux-tu nous en aller sous les arbres profonds ?

Elle essuya ses pieds à l'herbe de la rive ;
Elle me regarda pour la seconde fois,
Et la belle folâtre alors devint pensive.
Oh ! comme les oiseaux chantaient au fond des bois !

Comme l'eau caressait doucement le rivage !
Je vis venir à moi, dans les grands roseaux verts,
La belle fille heureuse, effarée et sauvage,
Ses cheveux dans ses yeux, et riant au travers. ♦

Mont-l'Am., juin 183...

Les contemplations

Chanson

■ Si vous n'avez rien à me dire,
Pourquoi venir auprès de moi ?
Pourquoi me faire ce sourire
Qui tournerait la tête au roi ?
Si vous n'avez rien à me dire,
Pourquoi venir auprès de moi ?

Si vous n'avez rien à m'apprendre,
Pourquoi me pressez-vous la main ?
Sur le rêve angélique et tendre,
Auquel vous songez en chemin,
Si vous n'avez rien à m'apprendre,
Pourquoi me pressez-vous la main ?

Si vous voulez que je m'en aille,
Pourquoi passez-vous par ici ?
Lorsque je vous vois, je tressaille :
C'est ma joie et c'est mon souci.
Si vous voulez que je m'en aille,
Pourquoi passez-vous par ici ? ♦

Mai 18...

50
Les contemplations

■ Mes vers fuiraient, doux et frêles,
Vers votre jardin si beau,
Si mes vers avaient des ailes,
Des ailes comme l'oiseau.

Ils voleraient, étincelles,
Vers votre foyer qui rit,
Si mes vers avaient des ailes,
Des ailes comme l'esprit.

Près de vous, purs et fidèles,
Ils accourraient nuit et jour,
Si mes vers avaient des ailes,
Des ailes comme l'amour. ◆

Paris, mars 18...

Les contemplations

■ Viens! – une flûte invisible
Soupire dans les vergers. –
La chanson la plus paisible
Est la chanson des bergers.

Le vent ride, sous l'yeuse,
Le sombre miroir des eaux. –
La chanson la plus joyeuse
Est la chanson des oiseaux.

Que nul soin ne te tourmente.
Aimons-nous! aimons-nous toujours! –
La chanson la plus charmante
Est la chanson des amours. ♦

Les Metz, août 18...

Les contemplations

■ Aimons toujours ! aimons encore !
Quand l'amour s'en va, l'espoir fuit.
L'amour, c'est le cri de l'aurore,
L'amour, c'est l'hymne de la nuit.

Ce que le flot dit aux rivages,
Ce que le vent dit aux vieux monts,
Ce que l'astre dit aux nuages,
C'est le mot ineffable : Aimons !

L'amour fait songer, vivre et croire.
Il a, pour réchauffer le cœur,
Un rayon de plus que la gloire,
Et ce rayon, c'est le bonheur !

Aime ! qu'on les loue ou les blâme,
Toujours les grands cœurs aimeront :
Joins cette jeunesse de l'âme
À la jeunesse de ton front !

Les contemplations

Aime, afin de charmer tes heures !
Afin qu'on voie en tes beaux yeux
Des voluptés intérieures
Le sourire mystérieux !

Aimons-nous toujours davantage !
Unissons-nous mieux chaque jour.
Les arbres croissent en feuillage ;
Que notre âme croisse en amour !
(…) ♦

Les feuilles d'automne

> Le toit s'égaie et rit.
> ANDRÉ CHÉNIER.

■ Lorsque l'enfant paraît, le cercle de famille
Applaudit à grands cris ; son doux regard qui brille
Fait briller tous les yeux,
Et les plus tristes fronts, les plus souillés peut-être,
Se déridcnt soudain à voir l'enfant paraître,
Innocent et joyeux.

Soit que juin ait verdi mon seuil, ou que novembre
Fasse autour d'un grand feu vacillant dans
   la chambre
Les chaises se toucher,
Quand l'enfant vient, la joie arrive et nous éclaire.
On rit, on se récrie, on l'appelle, et sa mère
Tremble à le voir marcher.

Les feuilles d'automne

Quelquefois nous parlons, en remuant la flamme,
De patrie et de Dieu, des poètes, de l'âme
Qui s'élève en priant;
L'enfant paraît, adieu le ciel et la patrie
Et les poètes saints! la grave causerie
S'arrête en souriant.

La nuit, quand l'homme dort, quand l'esprit rêve,
   à l'heure
Où l'on entend gémir, comme une voix qui pleure,
L'onde entre les roseaux,
Si l'aube tout à coup là-bas luit comme un phare,
Sa clarté dans les champs éveille une fanfare
De cloches et d'oiseaux!

Les feuilles d'automne

Enfant, vous êtes l'aube et mon âme est la plaine
Qui des plus douces fleurs embaume son haleine
Quand vous la respirez;
Mon âme est la forêt dont les sombres ramures
S'emplissent pour vous seul de suaves
    murmures
Et de rayons dorés!

Car vos beaux yeux dont pleins de douceurs
    infinies,
Car vos petites mains, joyeuses et bénies,
N'ont point mal fait encor;
Jamais vos jeunes pas n'ont touché notre fange,
Tête sacrée! enfant aux cheveux blonds!
    bel ange
À l'auréole d'or!

Vous êtes parmi nous la colombe de l'arche.
Vos pieds tendres et purs n'ont point l'âge
    où l'on marche;
Vos ailes sont d'azur.
Sans le comprendre encor vous regardez
    le monde.
Double virginité! corps où rien n'est immonde,
Âme où rien n'est impur!

Les feuilles d'automne

Il est si beau, l'enfant, avec son doux sourire,
Sa douce bonne foi, sa voix qui veut tout dire,
Ses pleurs vite apaisés,
Laissant errer sa vue étonnée et ravie,
Offrant de toutes parts sa jeune âme à la vie
Et sa bouche aux baisers !

Seigneur ! préservez-moi, préservez ceux
   que j'aime ;
Frères, parents, amis, et mes ennemis même
Dans le mal triomphants,
De jamais voir, Seigneur ! l'été sans fleurs
   vermeilles,
La cage sans oiseaux, la ruche sans abeilles,
La maison sans enfants ! ♦

18 mai 1830.

Les feuilles d'automne

> *Beau, frais, souriant d'aise à cette vie amère.*
> SAINTE-BEUVE.

■ Dans l'alcôve sombre,
Près d'un humble autel,
L'enfant dort à l'ombre
Du lit maternel.
Tandis qu'il repose,
Sa paupière rose,
Pour la terre close,
S'ouvre pour le ciel.

Il fait bien des rêves.
Il voit par moments
Le sable des grèves
Plein de diamants,
Des soleils de flammes,
Et de belles dames
Qui portent des âmes
Dans leurs bras charmants.

Les feuilles d'automne

Songe qui l'enchante !
Il voit des ruisseaux.
Une voix qui chante
Sort du fond des eaux.
Ses sœurs sont plus belles.
Son père est près d'elles.
Sa mère a des ailes
Comme les oiseaux.

Il voit mille choses
Plus belles encor ;
Des lys et des roses
Plein le corridor ;
Des lacs de délice
Où le poisson glisse,
Où l'onde se plisse
À des roseaux d'or !

Enfant, rêve encore !
Dors, ô mes amours !
Ta jeune âme ignore
Où s'en vont tes jours.
Comme une algue morte
Tu vas, que t'importe !
Le courant t'emporte,
Mais tu dors toujours !

Les feuilles d'automne

Sans soin, sans étude,
Tu dors en chemin ;
Et l'inquiétude,
À la froide main,
De son ongle aride
Sur ton front candide
Qui n'a point de ride,
N'écrit pas : Demain !
(...) ♦

Les voix intérieures

■ Regardez : les enfants se sont assis en rond.
Leur mère est à côté, leur mère au jeune front
      Qu'on prend pour une sœur aînée ;
Inquiète, au milieu de leurs jeux ingénus,
De sentir s'agiter leurs chiffres inconnus
      Dans l'urne de la destinée.

Près d'elle naît leur rire et finissent leurs pleurs,
Et son cœur est si pur et si pareil aux leurs.
      Et sa lumière est si choisie,
Qu'en passant à travers les rayons de ses jours,
La vie aux mille soins, laborieux et lourds,
      Se transfigure en poésie ! (...) ♦

(extrait)

Les contemplations

Aux Feuillantines

■ Mes deux frères et moi, nous étions tout enfants.
Notre mère disait : «Jouez, mais je défends
Qu'on marche dans les fleurs et qu'on monte
    aux échelles.»

Abel était l'aîné, j'étais le plus petit.
Nous mangions notre pain de si bon appétit,
Que les femmes riaient quand nous passions
    près d'elles.

Nous montions pour jouer au grenier du couvent.
Et là, tout en jouant, nous regardions souvent
Sur le haut d'une armoire, un livre inaccessible.

Les contemplations

Nous grimpâmes un jour jusqu'à ce livre noir ;
Je ne sais pas comment nous fîmes pour l'avoir,
Mais je me souviens bien que c'était une Bible.

Ce vieux livre sentait une odeur d'encensoir.
Nous allâmes ravis dans un coin nous asseoir.
Des estampes partout ! quel bonheur ! quel délire !

Nous l'ouvrîmes alors tout grand sur nos genoux,
Et, dès le premier mot, il nous parut si doux,
Qu'oubliant de jouer, nous nous mîmes à lire.

Nous lûmes tous les trois ainsi tout le matin,
Joseph, Ruth et Booz, le bon Samaritain,
Et, toujours plus charmés, le soir nous le relûmes.

Tels des enfants, s'ils ont pris un oiseau des cieux,
S'appellent en riant et s'étonnent, joyeux,
De sentir dans leur main la douceur
    de ses plumes. ♦

Marine-Terrace, août 1855.

Dernière gerbe

Les enfants

■ Les quatre enfants joyeux me tirent par la manche,
Dérangent mes papiers, font rage; c'est dimanche;
Ils s'inquiètent peu si je travaille ou non;
Ils vont criant, sautant, m'appelant par mon nom;
Ils m'ont caché ma plume et je ne puis écrire;
Et bruyamment, avec de grands éclats de rire,
Se dressant par-dessus le dos du canapé,
Chacun vient à son tour m'apparaître, drapé
Dans un burnous arabe aux bandes éclatantes. ◆

Les contemplations

Mes deux filles

■ Dans le frais clair-obscur du soir charmant
   qui tombe,
L'une pareille au cygne et l'autre à la colombe,
Belles, et toutes deux joyeuses, ô douceur !
Voyez, la grande sœur et la petite sœur
Sont assises au seuil du jardin, et sur elles
Un bouquet d'œillets blancs aux longues tiges frêles,
Dans une urne de marbre agité par le vent,
Se penche, et les regarde, immobile et vivant,
Et frissonne dans l'ombre, et semble, au bord
   du vase,
Un vol de papillons arrêté dans l'extase. ♦

La Terrasse, près d'Enghien, juin 1842.

Les contemplations

■ Ô souvenirs! printemps! aurore!
Doux rayon triste et réchauffant!
– Lorsqu'elle était petite encore,
Que sa sœur était tout enfant... –
(...)

Elle courait dans la rosée,
Sans bruit, de peur de m'éveiller;
Moi, je n'ouvrais pas ma croisée,
De peur de la faire envoler.

Ses frères riaient... – Aube pure!
Tout chantait sous ces frais berceaux,
Ma famille avec la nature,
Mes enfants avec les oiseaux! –

Je toussais, on devenait brave.
Elle montait à petits pas,
Et me disait d'un air très grave :
«J'ai laissé les enfants en bas.»

Les contemplations

Qu'elle fût bien ou mal coiffée,
Que mon cœur fût triste ou joyeux,
Je l'admirais. C'était ma fée,
Et le doux astre de mes yeux !

Nous jouions toute la journée.
Ô jeux charmants ! chers entretiens !
Le soir, comme elle était l'aînée,
Elle me disait : « Père, viens !

Nous allons t'apporter ta chaise,
Conte-nous une histoire, dis ! » —
Et je voyais rayonner d'aise
Tous ces regards du paradis.

Alors, prodiguant les carnages,
J'inventais un conte profond
Dont je trouvais les personnages
Parmi les ombres du plafond.

Toujours, ces quatre douces têtes
Riaient, comme à cet âge on rit,
De voir d'affreux géants très bêtes
Vaincus par des nains pleins d'esprit. (…) ♦

(extrait)
Villequier, 4 septembre 1846.

68

Les contemplations

■ Demain, dès l'aube, à l'heure où blanchit
   la campagne,
Je partirai. Vois-tu, je sais que tu m'attends.
J'irai par la forêt, j'irai par la montagne.
Je ne puis demeurer loin de toi plus longtemps.

Je marcherai les yeux fixés sur mes pensées,
Sans rien voir au dehors, sans attendre
   aucun bruit,
Seul, inconnu, le dos courbé, les mains croisées,
Triste, et le jour pour moi sera comme la nuit.

Je ne regarderai ni l'or du soir qui tombe,
Ni les voiles au loin descendant vers Harfleur,
Et, quand j'arriverai, je mettrai sur ta tombe
Un bouquet de houx vert et de bruyère en fleur. ♦

3 septembre 1847.

Les chansons des rues et des bois

■ Les enfants lisent, troupe blonde ;
Ils épellent, je les entends ;
Et le maître d'école gronde
Dans la lumière du printemps.

J'aperçois l'école entr'ouverte ;
Et je rôde au bord des marais ;
Toute la grande saison verte
Frissonne au loin dans les forêts,

Tout rit, tout chante ; c'est la fête
De l'infini que nous voyons ;
La beauté des fleurs semble faite
Avec la candeur des rayons.

J'épelle aussi, moi ; je me penche
Sur l'immense livre joyeux.
Ô champs, quel vers que la pervenche !
Quelle strophe que l'aigle, ô cieux !

Les chansons des rues et des bois

Mais, mystère! rien n'est sans tache.
Rien! – Qui peut dire par quels nœuds
La végétation rattache
Le lys chaste au chardon hargneux?

Tandis que là-bas siffle un merle,
La sarcelle, des roseaux plats
Sort, ayant au bec une perle;
Cette perle agonise, hélas!

C'est le poisson, qui, tout à l'heure,
Poursuivait l'aragne, courant
Sur sa bleue et vague demeure,
Sinistre monde transparent.

Un coup de fusil dans la haie,
Abois d'un chien; c'est le chasseur.
Et pensif, je sens une plaie
Parmi toute cette douceur.

Et, sous l'herbe pressant la fange,
Triste passant de ce beau lieu,
Je songe au mal, énigme étrange,
Faute d'orthographe de Dieu. ♦

La vie aux champs

■ (...) Chaque soir donc, je m'en vais, j'ai congé,
Je sors. J'entre en passant chez des amis que j'ai.
On prend le frais, au fond du jardin, en famille.
Le serein mouille un peu les bancs sous la charmille ;
N'importe : je m'assieds, et je ne sais pourquoi
Tous les petits enfants viennent autour de moi.
Dès que je suis assis, les voilà tous qui viennent.
C'est qu'ils savent que j'ai leurs goûts ;
    ils se souviennent

Les contemplations

Que j'aime comme eux l'air, les fleurs, les papillons,
Et les bêtes qu'on voit courir dans les sillons.
Ils savent que je suis un homme qui les aime,
Un être auprès duquel on peut jouer, et même
Crier, faire du bruit, parler à haute voix ;
Que je riais comme eux et plus qu'eux autrefois,
Et qu'aujourd'hui, sitôt qu'à leurs ébats j'assiste,
Je leur souris encor, bien que je sois plus triste ;
Ils disent, doux amis, que je ne sais jamais
Me fâcher ; qu'on s'amuse avec moi ; que je fais
Des choses en carton, des dessins à la plume ;
Que je raconte, à l'heure où la lampe s'allume,

Les contemplations

Oh! des contes charmants qui vous font peur la nuit,
Et qu'enfin je suis doux, pas fier et fort instruit.
Aussi, dès qu'on m'a vu : «Le voilà!» tous accourent.
Ils quittent jeux, cerceaux et balles; ils m'entourent
Avec leurs beaux grands yeux d'enfants,
    sans peur, sans fiel,
Qui semblent toujours bleus, tant on y voit le ciel!

Les petits – quand on est petit, on est très brave –
Grimpent sur mes genoux; les grands ont un air
    grave;
Ils m'apportent des nids de merles qu'ils ont pris,
Des albums, des crayons qui viennent de Paris;
On me consulte, on a cent choses à me dire,
On parle, on cause, on rit surtout; – j'aime le rire,
Non le rire ironique aux sarcasmes moqueurs,
Mais le doux rire honnête ouvrant bouches et cœurs,
Qui montre en même temps des âmes et des perles. –

Les contemplations

J'admire les crayons, l'album, les nids de merles ;
Et quelquefois on dit, quand j'ai bien admiré :
« Il est du même avis que monsieur le curé. »
Puis, lorsqu'ils ont jasé tous ensemble à leur aise,
Ils font soudain, les grands s'appuyant à
    ma chaise,
Et les petits toujours groupés sur mes genoux,
Un silence, et cela veut dire : « Parle-nous. »
(...) ♦

(extrait)

Fenêtres ouvertes

Le matin. – En dormant

■ J'entends des voix. Lueurs à travers ma paupière.
Une cloche est en branle à l'église Saint-Pierre.
Cris des baigneurs. Plus près! plus loin! non, par ici!
Non, par là! Les oiseaux gazouillent, Jeanne aussi.
Georges l'appelle. Chant des coqs. Une truelle
Racle un toit. Des chevaux passent dans la ruelle.
Grincement d'une faulx qui coupe le gazon.
Chocs. Rumeurs. Des couvreurs marchent sur
   la maison.
Bruits du port. Sifflement des machines chauffées.
Musique militaire arrivant par bouffées.
Brouhaha sur le quai. Voix françaises. Merci.
Bonjour. Adieu. Sans doute il est tard, car voici
Que vient tout près de moi chanter mon rouge-gorge.
Vacarme de marteaux lointains dans une forge.
L'eau clapote. On entend haleter un steamer.
Une mouche entre. Souffle immense de la mer. ◆

La légende des siècles

■ Dieu fait les questions pour que l'enfant réponde.

– Les deux bêtes les plus gracieuses du monde,
Le chat et la souris, se haïssent. Pourquoi?
Explique-moi cela, Jeanne. – Non sans effroi
Devant l'énormité de l'ombre et du mystère,
Jeanne se mit à rire. – Eh bien? – Petit grand-père,
Je ne sais pas. Jouons. – Et Jeanne repartit :
– Vois-tu, le chat c'est gros, la souris c'est petit.
– Eh bien? – Et Jeanne alors, en se grattant la tête,
Reprit : – Si la souris était la grosse bête,
À moins que le bon Dieu là-haut ne se fâchât,
Ce serait la souris qui mangerait le chat. ◆

La lune

■ Jeanne songeait, sur l'herbe assise, grave et rose ;
Je m'approchai : – Dis-moi si tu veux quelque chose,
Jeanne ? – car j'obéis à ces charmants amours,
Je les guette, et je cherche à comprendre toujours
Tout ce qui peut passer par ces divines têtes.
Jeanne m'a répondu : – Je voudrais voir des bêtes.
Alors je lui montrai dans l'herbe une fourmi.
– Vois ! Mais Jeanne ne fut contente qu'à demi.
– Non, les bêtes, c'est gros, me dit-elle.

                                      Leur rêve,
C'est le grand. L'Océan les attire à sa grève,
Les berçant de son chant rauque, et les captivant
Par l'ombre, et par la fuite effrayante du vent ;
Ils aiment l'épouvante, il leur faut le prodige.
– Je n'ai pas d'éléphant sous la main, répondis-je.
Veux-tu quelque autre chose ? ô Jeanne, on te
   le doit !
Parle. – Alors Jeanne leva au ciel son petit doigt.
– Ça, dit-elle. – C'était l'heure où le soir commence.
Je vis à l'horizon surgir la lune immense. ♦

L'art d'être grand-père

■ Jeanne était au pain sec dans le cabinet noir,
Pour un crime quelconque, et, manquant au devoir,
J'allai voir la proscrite en pleine forfaiture,
Et lui glissai dans l'ombre un pot de confiture
Contraire aux lois. Tous ceux sur qui, dans ma cité,
Repose le salut de la société,
S'indignèrent, et Jeanne a dit d'une voix douce :
– Je ne toucherai plus mon nez avec mon pouce ;
Je ne me ferai plus griffer par le minet.
Mais on s'est récrié : – Cette enfant vous connaît ;
Elle sait à quel point vous êtes faible et lâche.
Elle vous voit toujours rire quand on se fâche.
Pas de gouvernement possible. À chaque instant
L'ordre est troublé par vous ; le pouvoir se détend ;
Plus de règle. L'enfant n'a plus rien qui l'arrête.
Vous démolissez tout. – Et j'ai baissé la tête,
Et j'ai dit : – Je n'ai rien à répondre à cela,
J'ai tort. Oui, c'est avec ces indulgences-là
Qu'on a toujours conduit les peuples à leur perte.
Qu'on me mette au pain sec. – Vous le méritez, certes,
On vous y mettra. – Jeanne alors, dans son coin noir,
M'a dit tout bas, levant ses yeux si beaux à voir,
Pleins de l'autorité des douces créatures :
– Eh bien, moi, je t'irai porter des confitures. ♦

L'art d'être grand-père

Les enfants gâtés

■ En me voyant si peu redoutable aux enfants,
Et si rêveur devant les marmots triomphants,
Les hommes sérieux froncent leurs sourcils mornes.
Un grand-père échappé passant toutes les bornes,
C'est moi. Triste, infini dans la paternité,
Je ne suis rien qu'un bon vieux sourire entêté.
Ces chers petits ! Je suis grand-père sans mesure ;
Je suis l'ancêtre aimant ces nains que l'aube azure,
Et regardant parfois la lune avec ennui,
Et la voulant pour eux, et même un peu pour lui ;
Pas raisonnable enfin. C'est terrible. Je règne
Mal, et je ne veux pas que mon peuple me craigne ;
Or, mon peuple, c'est Jeanne et Georges ; et moi,
    barbon,
Aïeul sans frein, ayant cette rage, être bon,
Je leur fais enjamber toutes les lois, et j'ose
Pousser aux attentats leur république rose ;
La popularité malsaine me séduit ;
Certes, on passe au vieillard, qu'attend la froide nuit,
Son amour pour la grâce et le rire et l'aurore ;
Mais des petits, qui n'ont pas fait de crime encore,

L'art d'être grand-père

Je vous demande un peu si le grand-père doit
Être anarchique, au point de leur montrer du doigt,
Comme pouvant dans l'ombre avoir des aventures,
L'auguste armoire où sont les pots de confitures!
Oui, j'ai pour eux, parfois, – ménagères, pleurez! –
Consommé le viol de ces vases sacrés.
Je suis affreux. Pour eux je grimpe sur des chaises!
Si je vois dans un coin une assiette de fraises
Réservée au dessert de nous autres, je dis :
– Ô chers petits oiseaux goulus du paradis,
C'est à vous! Voyez-vous, en bas, sous la fenêtre,
Ces enfants pauvres, l'un vient à peine de naître,
Ils ont faim. Faites-les monter, et partagez. –
(…) ♦

Le pot cassé

■ Ô ciel! toute la Chine est par terre en morceaux!
Ce vase pâle et doux comme un reflet des eaux,
Couvert d'oiseaux, de fleurs, de fruits,
    et des mensonges
De ce vague idéal qui sort du bleu des songes,
Ce vase unique, étrange, impossible, engourdi,
Gardant sur lui le clair de lune en plein midi,
Qui paraissait vivant, où luisait une flamme,
Qui semblait presque un monstre et semblait
    presque une âme,

L'art d'être grand-père

Mariette, en faisant la chambre, l'a poussé
Du coude par mégarde, et le voilà brisé !
Beau vase ! Sa rondeur était de rêves pleine,
Des bœufs d'or y broutaient des prés de porcelaine.
Je l'aimais, je l'avais acheté sur les quais,
Et parfois aux marmots pensifs je l'expliquais.
Voici l'Yak ; voici le singe quadrumane ;
Ceci c'est un docteur peut-être, ou bien un âne ;
Il dit la messe, à moins qu'il ne dise hi-han ;
Ça c'est un mandarin qu'on nomme aussi kohan ;

L'art d'être grand-père

Il faut qu'il soit savant, puisqu'il a ce gros ventre.
Attention, ceci, c'est le tigre en son antre,
Le hibou dans son trou, le roi dans son palais,
Le diable en son enfer ; voyez comme ils sont laids!
Les monstres, c'est charmant, et les enfants
    le sentent.
Des merveilles qui sont des bêtes les enchantent.
Donc, je tenais beaucoup à ce vase. Il est mort.
J'arrivai furieux, terrible, et tout d'abord :
– Qui donc a fait cela? criai-je. Sombre entrée!
Jeanne alors, remarquant Mariette effarée,
Et voyant ma colère et voyant son effroi,
M'a regardé d'un air d'ange, et m'a dit : – C'est moi. ♦

L'art d'être grand-père

■ Et Jeanne à Mariette a dit : – Je savais bien
Qu'en répondant c'est moi, papa ne dirait rien.
Je n'ai pas peur de lui puisqu'il est mon grand-père.
Vois-tu, papa n'a pas le temps d'être en colère,
Il n'est jamais beaucoup fâché, parce qu'il faut
Qu'il regarde les fleurs, et quand il fait bien chaud
Il nous dit : N'allez pas au grand soleil nu-tête,
Et ne vous laissez pas piquer par une bête,
Courez, ne tirez pas le chien par son collier,
Prenez garde aux faux pas dans le grand escalier,
Et ne vous cognez pas contre les coins des marbres.
Jouez. Et puis après il s'en va dans les arbres.

◆

Tout pardonner, c'est trop ; tout donner,
　c'est beaucoup !
Eh bien, je donne tout et je pardonne tout
Aux petits (…) ♦

Chanson pour faire
danser en rond les petits enfants

■ Grand bal sous le tamarin.
On danse et l'on tambourine.
Tout bas parlent, sans chagrin,
Mathurin à Mathurine,
Mathurine à Mathurin.

C'est le soir, quel joyeux train !
Chantons à pleine poitrine
Au bal plutôt qu'au lutrin.
Mathurin a Mathurine,
Mathurine a Mathurin.

Découpé comme au burin,
L'arbre, au bord de l'eau marine,
Est noir sur le ciel serein,
Mathurin a Mathurine,
Mathurine a Mathurin.

L'art d'être grand-père

Dans le bois rôde Isengrin.
Le magister endoctrine
Un moineau pillant le grain.
Mathurin a Mathurine,
Mathurine a Mathurin.

Broutant l'herbe brin à brin,
Le lièvre a dans la narine
L'appétit du romarin.
Mathurin a Mathurine,
Mathurine a Mathurin.

Sous l'ormeau le pèlerin
Demande à sa pèlerine
Un baiser pour un quatrain.
Mathurin a Mathurine,
Mathurine a Mathurin.

Derrière un pli de terrain,
Nous entendons la clarine
Du cheval d'un voiturin.
Mathurin a Mathurine,
Mathurine a Mathurin. ♦

Chanson de grand-père

■ Dansez, les petites filles,
    Toutes en rond.
En vous voyant si gentilles,
    Les bois riront.

Dansez les petites reines,
    Toutes en rond.
Les amoureux sous les frênes
    S'embrasseront.

Dansez, les petites folles,
    Toutes en rond.
Les bouquins dans les écoles
    Bougonneront.

L'art d'être grand-père

Dansez, les petites belles,
    Toutes en rond.
Les oiseaux avec leurs ailes
    Applaudiront.

Dansez, les petites fées,
    Toutes en rond.
Dansez, de bleuets coiffées,
    L'aurore au front.

Dansez, les petites femmes,
    Toutes en rond.
Les messieurs diront aux dames
    Ce qu'ils voudront. ♦

« Ce siècle avait deux ans… »
(Victor Hugo)

Victor Hugo est né en 1802, à Besançon. Ses deux frères et lui vivent une enfance mouvementée entre Paris et les différentes garnisons du père, qui est militaire : Paris, Marseille, la Corse, l'île d'Elbe, Naples, l'Espagne. Victor souffre de la mésentente de ses parents. Mis en pension à l'âge de treize ans à Paris, il fait des études brillantes. Passionné par la littérature, il se sent très tôt poète. Il compose son premier *Cahier de vers français* à treize ans! Il serait «Chateaubriand ou rien», et c'est Chateaubriand qui lance celui qu'il appelait «l'enfant sublime» dans la vie littéraire. Conformiste à ses débuts, il célèbre les fastes monarchiques dans ses *Odes* (1822-1824). En 1822, il épouse Adèle, sa camarade de jeux des Feuillantines, un ancien couvent où il avait vécu avec sa mère et ses frères. Quatre enfants vont naître, Léopoldine, Charles, François Victor, Adèle.

Littérairement, Hugo incarne bientôt le romantisme à lui seul. En 1833, il rencontre Juliette Drouet ; leur relation durera cinquante ans. Il compose *Les Orientales* (1829) et de nombreux drames historiques, comme *Cromwell* (1827), *Hernani* (1830), à l'origine d'une célèbre «bataille», puis

Les Feuilles d'automne (1831), *Les Rayons et les Ombres* (1840). Léopoldine, sa fille chérie, meurt en 1843, à Villequier, noyée dans la Seine avec son mari, Charles Vacquerie. Hugo est effondré. Il cesse de publier pendant neuf ans. Nommé par le roi pair de France en 1845, il entreprend la composition des *Misérables*, une immense fresque sociale, qui paraît en 1862, et les beaux poèmes des futures *Contemplations* (1856).

Une fois la république instituée, élu député, Hugo encourage des réformes sociales, mais, devant le conservatisme de son gouvernement, il passe à l'opposition. Lors du coup d'État du 2 décembre 1851, il soutient la résistance et participe aux barricades. La répression l'oblige à quitter Paris pour Bruxelles. C'est l'exil : à Jersey, puis à Guernesey. Louis-Napoléon devenu empereur, Hugo publie *Les Châtiments* (1853). En 1859, Hugo compose *Les Chansons des rues et des bois* et achève *Les Misérables* (1862). Sa fille Adèle sombre dans la folie d'un amour impossible. De nouveaux deuils l'accablent : Georges, son petit-fils, et sa femme meurent en 1868. Après la défaite de Sedan et la proclamation de la république, le poète rentre à Paris et assiste aux événements tragiques de la Commune de Paris. Son recueil *Les Quatre Vents de l'esprit* (1881) rend subtilement compte de certains aspects de son inspiration poétique («satirique, dramatique, lyrique et épique»).

Quand Victor Hugo meurt, à 83 ans, il a droit à des funérailles nationales et une immense foule l'accompagne. Il laisse une œuvre inégalée.

« *La poésie c'est tout ce qu'il y a d'intime dans tout.* »

(Victor Hugo)

Le poète français le plus célèbre est un auteur à l'extraordinaire génie. Doué pour toutes les formes d'expression littéraires et poétiques, il dessinait aussi à merveille. Érudit, passionné par l'histoire, la politique et la société, il trouve souvent son inspiration au contact de la nature. Il aime son charme et son mystère, son visage tantôt indifférent ou hostile, sa violence et sa paix soudaine. La mer l'absorbe, les arbres l'enchantent.

Infiniment sensible à la vulnérabilité des êtres et à la fragilité de la vie, il aimait les enfants plus que tout. « Enfants, on vous dira plus tard que le grand-père vous adorait… », écrit-il dans *L'Année terrible* – lui qui n'avait jamais pour eux « de mots bourrus ni d'airs moroses ».

D'une patience à toute épreuve, Hugo adorait jouer avec les enfants, les écouter, leur parler et inventer des histoires. Il souhaitait qu'ils apprennent à aimer et à respecter la nature, à admirer les ciels changeants, la variété des paysages, la mer infinie. « Enfants ! écrit-il, aimez les champs, les vallons, les fontaines… » ; [écoutez] « les conseils de toute la nature ».

«De Hugo il ne restera que les poésies sur les enfants...» écrivait par provocation Lautréamont! Il n'avait que dix-neuf ans, mais avec l'intransigeance de son âge, il s'en prenait à Hugo qu'il jugeait en partie responsable de certaines outrances du romantisme. «Il y a dans cette affirmation au-delà du défi, le sentiment d'une chose juste, une vue», fait remarquer Aragon, présentant *L'Art d'être grand-père*, qu'il considère comme «un livre d'avenir, [que] l'on n'a pas encore bien lu».

Tout au long de sa vie, Hugo a écrit en pensant aux enfants. Si l'on est à ce point touché par les poèmes qu'il leur a consacrés, c'est qu'ils évoquent avec une rare justesse et une profonde sensibilité un monde qui enchante et passionne le poète. L'univers de l'enfance, dont il se sent très proche, est pour lui une source vive et permanente d'inspiration.

Lyrisme, émotions, rêveries, sensations, nostalgie, espoirs : les poèmes qui ont été choisis dans cette anthologie expriment le mystère d'être au monde et l'amour pour «tout ce qui vit, qui bruit, qui naît, qui meurt...». Ils privilégient certains aspects de l'univers intime du poète et de son inspiration : sa proximité avec la nature et les êtres; les amours, la tendresse paternelle et la grâce enfantine.

Table des matières

4. «Comme l'âme que nul n'a jamais vue...», Avant-propos de Guy Goffette
6. «Ce siècle avait deux ans...», *Les Feuilles d'automne*
7. Mes adieux à l'enfance, *Trois cahiers de vers français*
8. Après la bataille, *La Légende des siècles*
9. Une fée, *Odes et Ballades*
12. Les Djinns, extrait, *Les Orientales*
15. Rêverie, *Les Orientales*
16. «Quand le livre où s'endort...», *Les Feuilles d'automne*
17. «L'aurore s'allume...», *Les Chants du crépuscule*
19. «La mer! partout la mer!...», *Les Orientales*
20. «Un jour, je vis...», Autrefois, *Les Contemplations*
21. Oceano nox, *Les Rayons et les Ombres*
24. À la fenêtre, pendant la nuit, extrait, *Les Contemplations*
26. Soir, *Toute la lyre*
28. Spectacle rassurant, *Les Rayons et les Ombres*
30. «J'eus toujours de l'amour...», *Les Rayons et les Ombres*
32. «J'aime l'araignée et j'aime l'ortie...», *Les Contemplations*
34. «Oui, je suis le rêveur...», *Les Contemplations*
36. Saison des semailles. Le soir, *Les Chansons des rues et des bois*
38. «Au point du jour...», *Épîtres*
39. «On sent les pointes de la bise...», *Chansons lointaines*
41. Mauvaises langues, *Toute la lyre*
44. La coccinelle, *Les Contemplations*
46. Vieille chanson du jeune temps, *Les Contemplations*
48. «Elle était déchaussée...», *Les Contemplations*
49. Chanson, *Les Contemplations*
50. «Mes vers fuiraient, doux et frêles...», *Les Contemplations*
51. «Viens! – une flûte invisible...», *Les Contemplations*
52. «Aimons toujours!», *Les Contemplations*
54. «Lorsque l'enfant paraît...», *Les Feuilles d'automne*
58. «Dans l'alcôve sombre...», *Les Feuilles d'automne*
61. «Regardez : les enfants...», extrait, *Les Voix intérieures*
62. Aux Feuillantines, *Les Contemplations*
64. Les enfants, *Dernière Gerbe*
65. Mes deux filles, *Les Contemplations*
66. «Ô souvenirs!», extrait, *Les Contemplations*
69. «Demain, dès l'aube...», *Les Contemplations*
70. «Les enfants lisent...», *Les Chansons des rues et des bois*
72. La vie aux champs, extrait, *Les Contemplations*
76. Fenêtres ouvertes, *L'Art d'être grand-père*
77. «Dieu fait les questions...», *La Légende des siècles*

78. La lune, *L'Art d'être grand-père*
79. «Jeanne était au pain sec...», *L'Art d'être grand-père*
80. Les enfants gâtés, extrait, *L'Art d'être grand-père*
82. Le pot cassé, *L'Art d'être grand-père*
85. «Et Jeanne à Mariette a dit...», *L'Art d'être grand-père*
85. «Tout pardonner...», extrait, *L'Art d'être grand-père*
86. Chanson pour faire danser en rond les petits enfants, *L'Art d'être grand-père*
88. Chanson de grand-père, *L'Art d'être grand-père*
90. «Ce siècle avait deux ans...», notice biographique, par Camille Weil
92. «La poésie c'est tout ce qu'il y a d'intime dans tout...», par C. W.

Crédit photo : 1re et 4e de couverture, portrait de Victor Hugo, détail, photo Raux ©RMN.

Loi n° 49-956 du 17 juillet 1949
sur les publications destinées à la jeunesse
ISNB 978-2-07-064197-0
N° d'édition : 398978
Premier dépôt légal : juillet 2011
Dépôt légal : juillet 2021
Imprimé en Espagne par Novoprint (Barcelone)